O le 'Mana Ofoofogia o le Fa'amanuia Atu'

Richard Brunton

Fa'aliliuina i le gagana Samoa e Reverend Elder Utufua Naseri

O le 'Mana Ofoofogia o le Fa'amanuia Atu'
Tusia e Richard Brunton
Niu Sila

ISBN 978-0-473-51298-9 (Softcover)
ISBN 978-0-473-51299-6 (ePUB)
ISBN 978-0-473-51300-9 (Kindle)
ISBN 978-0-473-51301-6 (PDF)

Teuteuga:
Faafetai faapitoa ia Joanne Wiklund ma Andrew Killick
Mo le ulu'ai teuteuga, ua gasolo mālie ai matāupu o lenei tusi!

Fa'aliliuina i le gagana Samoa e Reverend Elder Utufua Naseri
Faafetai foi i le: Susuga Tuila'epa Louni Hanipale Mose,
Faletua o Taiaopo Hanipale Naseri Na fautuaina nisi upu o le gagana Samoa e faaliliu ai isi upu Peretania.

Saunia ma le Tāina:
Andrew Killick
Castle Publishing Services
www.castlepublishing.co.nz

Ata i le Fa'ava'a:
Paul Smith

Fuaitau mai le Tusi Paia e siitia mai le
Ulua'i Iomiga Fou Muamua

FA'ASOLOGA O MATAUPU

UPU TOMUA

Ou te fautuaina oe ina ia e faitauina lenei tusi itiiti, o loo i ai se fe'au tāua – e mautinoa e suia ai lou olaga.

O se tasi o aso a o fai la ma mālū taeao ma Richard Brunton, na ia fa'asoa mai ai ia te a'u se fa'aaliga na avatu e le Atua e uiga i le 'Mana o le Fa'amanuia atu', ma na vave ona ou iloa lona tāua tele mo le soifua o isi tagata.

Na ou pu'eina se ata o lana matā'upu ma fa'aali i le mafutaga a tamā o la matou ekalesia. Na fa'agae'etia tamā i lona manaia ma manatu ai e tatau ona fa'aali i le ekalesia atoa. Sa amata fa'ata'ita'i e tagata o le ekalesia i vaega uma o o latou olaga, ma sa matagofie le fa'alogo i a latou ta'utinoga. O se tasi ali'i fai-pisinisi na molimau i le si'itia o lana pisinisi mai le leai, i le tupe mamā i totonu o le lua vaiaso. O isi na molimau i le fa'amālōlōina o ō latou ma'i ina ua latou fa'amanuia i o latou tino.

E tele isi avanoa na matala mai mo le faasoaina atu o lenei fe'au. Na vala'auina a'u e fai se tautalaga i le mafutaga a 'Taitai'au', (o se mafutaga fa'afouina a faife'au uma i Kenya ma Uganda). Na ma malaga fa'atasi ma Richard Brunton ma saunoa ai fo'i i lenā mafutaga. Na matuā pa'i atu lenei fe'au ma ona lagona tāua. O le to'atele na auai i lea mafutaga e le'i fa'amanuia atu lava i ai o latou tamā, ma ina o tula'i Richard Brunton ma fa'amanuia atu ia i latou, na maligi o latou loimata i le o'otia, ua lagona le sa'oloto fa'ale-agaga, ma suia ai o latou olaga.

Ina ua ou iloa ona fa'amanuia atu, ua matuā suia lo'u olaga ma avea ai ma a'u mea fiafia avanoa ou te fa'amanuia atu ai i nisi tagata, e ala i a'u upu ma a'u mea e fai. Ou te talitonu o le a e fiafia i lenei tama'i tusi; ma afai e te fa'atino i lou olaga, o le a fua tele mai ma osaosa mo le Mālō o le Atua.

Geoff Wiklund
Geoff Wiklund Ministries,
Former Chairman, Promise Keepers,
Auckland, New Zealand

Ua fa'amanuia e le Atua Richard i lenei fa'aaliga, o le 'Mana o le Faamanuia atu', pe a tatalaina atu i nisi. Ua ou talitonu o se fa'aaliga lenei mai le Atua mo o tatou taimi.

A o fa'aalia e Richard lenei fe'au i lona olaga, sa faigofie ona fa'afeso'ota'i e tagata i o latou lava olaga. O le mafua'aga lea na matou vala'auina ai o ia e saunoa i mafutaga uma a tamā o le Promise Keepers. E maoa'e lona mana i le suia o olaga.

O le fa'amanuia, o se matā'upu na pa'i ifo ma fusia ai loto o le mafutaga a tamā o le Promise keepers, ae maise a'oa'oga o le fa'amanuia atu, o le upu fa'amanuia, ma le malosi o le upu alofa. To'atele tamā e le'i fa'amanuia i ai se tasi, latou te le'i fa'amanuia atu foi i se isi. Ae ina ua uma ona fa'alogo i saunoaga a Richard, ma mae'a fo'i ona faitau i lenei tusi, na latou lagona se fa'amanuiaga ese, ma ua fa'a'aupegaina i latou e fa'amanuia atu i isi, i le suafa o le Tamā, le Alo ma le Agaga Pa'ia.

Ou te fautuaina atu Richard ma lana tusi *O le Mana Ofofogia o le Faamanuia atu*, o se auala malosi e matala mai ai fa'amanuiaga a le Atua mo o tatou aiga, o tatou nu'u ma o tatou atunu'u.

Paul Subritzky
Former National Director, Promise Keepers
Auckland, New Zealand

FA'ATOMUAGA

E fiafia tagata uma i se tala aumai e lelei, ae maise lava pe afai o oe lea e te ta'uina atu.

Ina ua ou iloa le tāua o le tu'uina atu o se fa'amanuia, na ou lagonaina e pei a'u o le tagata lea fai mai le Tusi Pa'ia na ia maua se oloa tāua i le fanua. Ua matuā naunau lo'u loto e fa'asoa atu mea ua ou iloa ma lagona i le ali'i faifeau o Geoff Wiklund, ina ua vala'au mai ou te faia se tautalaga mo le mafutaga a tamā o lana ekalesia ia Fepuari 2015. Na matuā fa'agae'etia o latou loto, ma manatu ai e tatau ona ou fa'asoa mo la latou ekalesia atoa.

Sa auai i lea aso ali'i faife'au o Rev. Brian France o le 'Charisma Christian Ministries', ma Paul Subritzky o le 'Promise Keepers NZ'. Na avea lea ma ala na maua ai lo'u avanoa e fa'asoa atu lenei fe'au i le Charisma i Niusila ma Fiti. To'atele i latou na fa'ata'ita'ia le a'oa'oga i o latou olaga ma va'aia fua lelei. Ua latou molimau fo'i latou te le'i fa'alogo muamua i lenei a'oa'oga tāua o le Mālō o le Atua.

Ua tupu ma ola le a'oa'oga o le Fa'amanuia atu. O le faai'uga o le 2015 na ma malaga ai ma Pastor Geoff i Kenya ma Uganda i le mafutaga e ta'ua o le 'Gathering of the Generals', o se mafutaga e faia i tausaga uma mo le toe fa'afouina o le soifua galulue o faife'au o le Ekalesia. Na manatu Geoff e tatau ona ou fa'asoa lenei matā'upu i le mafutaga lea. E to'atele isi mai Amerika, Ausetalia ma Aferika i Saute sa fai foi a latou saunoaga i lea mafutaga, ma na latou ta'utino o se fe'au tāua lenei e tatau ona to'atele atu nisi e fa'ailoa i ai.

Ou te le'i manatu e fa'avae se upega tafa'ilagi, pe toe tusia se isi tusi auā e tele tusi ua tusia o lo'o avanoa. Ua ou manatu foi o le fe'au o le 'Fa'amanuia atu' o se a'oa'oga faigofie, ma e lē tatau ona leiloa ona o se tusi-tusiga faigatā. O le mafua'aga lenā o lenei tusi itiiti.

O lo'o ou si'iina mai upu mai le tusi a Kerry Kirkwood o le *The Power of Blessing*, o le *The Grace Outpouring: Becoming a People of Blessing* na tusia e Roy Godwin ma Dave Roberts, *The Father's Blessing* na tusia e Frank Hammond, ma le *The Miracle and Power of Blessing* na tusia e Maurice Berquist. Ou te manatu fo'i o lo'o o'u fa'aaogāina manatu mai nisi tusitusiga, ae ua nūmia fa'atasi i le gasologa o tausaga.

O le iloaina o le 'Mana o le Faamanuia atu' o le a matala mai ai se olaga fou mo so'o se tagata na te fa'aaogaina, pe fa'atuatua pe leai; i so'o se nofoaga – falekofe, fale'aiga, faletalimālō, potu fa'atalitali, e o'o lava i le auala tele. Ua ou fa'amanuia fale mo tamaiti e leai ni āiga, o a latou aufaigaluega, o tamaita'i galulue i luga o va'alele, o togāla'au, o meaola, o ato tupe, o tagata mama'i. O nisi o tagata matutua na latou fetagisi i lo'u fatafata ina ua ou avatu mo latou se fa'amanuia faa-tamā.

Ua ou mātauina afai ou te fai atu i se tagata lē fa'atuatua – *E mafai ona ou fa'amanuia atu ia te oe / lau Pisinisi / lou aiga?* – e faigofie lenā mo latou nai lo lo'u fai atu – *E mafai ona ou tatalo mo oe?* O le upu moni o le auala faigofie lenā na liliu mai ai se tasi o lo'u āiga i le Alii o Iesū, e ui i le tele o tausaga o tauanau.

Ou te le iloaina taunu'uga uma, a ua lava i latou ua ou molimauina ou te iloa ai o le fa'amanuia, e suia ai olaga – ua na suia foi lo'u olaga.

O le natura o le Atua o le fa'amanuia, ma o lo'o fa'apea fo'i ona fausia i totonu o o tatou tagata lea uiga, auā o i tatou na ia faia i ona foliga. O loo fa'atali le Agaga Paia mo tagata o le Atua e tula'i mai i le fa'atuatua ma le pule ua saunia e Iesū Keriso, ina ia suia olaga.

Ou te talitonu o le a e maua se fesoasoani tele i lenei tusi. E le'i tu'ua tatou e Iesū Keriso e aunoa ma le malosi. O le fa'amanuia atu i so'o se tulaga, o se meaalofa fa'aleagaga o le Alofa Tunoa ua tele ina le amana'ia, ae telē lona avanoa e suia ai lo tatou lalolagi.

Manuia.
Richard Brunton

VAEGA 1:

Fa'amanuia – Aiseā?

FA'AGAE'ETIAINA

O lo'u to'alua o Nicole o le Niu Kaletonia, ma e tatau ai ona ou a'oina le gagana Farani, ma nofo ai mo sina taimi i lona nu'u na fanau ai o Noumea. E ui o Niu Kaletonia o se nu'u e tele i le lotu Katoliko, sa ou mātauina le tele o tagata e ō lava i le lotu, ae feso'ota'i pea fo'i i o latou talitonuga fa'a-nu'u-pō. Na ou iloa e masani le to'atele ona ō i faipelē ma le au fai vai faalau'atau, e aunoa ma le manatu o loo latou saili i togafiti fa'ataulaitu.

Ou te manatua na ma ō ma lo'u to'alua e asi se tamaita'i pe a ma le 20 tausaga sa masani ona ave i fofō fa'ataulaitu, a ua i'u ina taofia i le falema'i mo e ua fa'aletonu mafaufau. Na ou iloa o ia o se tamaita'i Kerisiano, o lea na ou tuli'eseina ai le temoni sa ulu-tinoina o ia i le suafa o Iesū Keriso. Sa tatalo fo'i i ai le Patele, ma o la ma galuega lenā na fa'asa'olotoina ai o ia, ma te'a ai loa ma le falema'i.

O isi tagata e lolotu lava i le Ekalesia Katoliko, ae latou te teuina fo'i fa'atagata ma fa'atusa o isi atua. O se tasi ali'i na ou feiloa'i i ai sa mafatia i le manava tigā fa'asoloatoa. Ona ou fai lea i ai – Ana ua ave'ese le fa'atusa telē o Puta lenā e mumū i po uma i luma o lou fale, fa'atasi ma isi tupua o loo i ai, semanū ua leva ona te'a lou ma'i. E le'i fiafia le ali'i i lo'u fai atu, i lona manatu e le ma'i se isi i ana tupua mamate. Ua mavae nai masina ona ma toe feiloa'i lea ma ou fesili atu i ai po ua ā mai o ia, ona tali mai lea ua manuia, talu ona ia talia la'u fautuaga e ave'ese uma tupua ma le fa'atusa o Puta.

O le isi aso na vala'auina a'u i le fale o se tinā e maua i le kanesa. A o le'i faia la'u tatalo na ou fa'atonuina e ave'ese uma fa'atusa o Puta o lo'o i totonu o le fale, ma sa fa'apena ona faia e lona to'alua. A o o'u faamālōlō atu ma tuli'ese temoni i le suafa o Iesū, na fa'amatala e le tinā lona fa'alogoina o se mālūlū ese e alu a'e mai ona alofivae aga'i atu i lona tumua'i ma alu'ese atu ai.

O mea nā na tutupu, na ou manatu ai e a'oa'o atu le matā'upu e uiga i mala o fetu'u i se mafutaga tatalo na ma fa'avaeina ma lo'u to'alua i lo ma fale. Na fa'avaeina lenei a'oa'oga i mafaufauga o le ali'i o Derek Prince (o se tasi o faia'oga lauiloa o le Tusi Paia o le luasefulu-seneturi). A o tāpena a'u lesona i le gagana Farani, na ou iloa ai o le upu Farani mo le fetu'u o le *malėdiction,* a o le upu mo le fa'amanuia o le *bėnėdiction.* O le uiga faavae o ia upu, o le *tautala leaga,* ma le *tautala lelei.*

Muamua, sa ou faatusatusa le fetu'u ma le fa'amanuia i se manatu pei o le fetu'u o se mea pogisā, mamafa, ma le mata'utia, a o le fa'amanuia e māmā, ma filemū. Na ou fa'alogo muamua i a'oa'oga o le fetu'u, ae ou te le'i fa'alogo lava i ni aoaoga o le fa'amanuia, ma atonu o le ala lea na fa'apea ai lo'u manatu. Ou te le'i fa'alogo muamua fo'i ua fa'amanuia atu se tasi i se isi ma se lagona fa'amaoni. Pau le mea e masani ai la'u faalogo i se fa'amanuia, pe a mafatua seisi ona faapea atu lea o seisi – *Bless you,* ae maise pei se upu faai'u o se tusi poo se imeli e faapea atu ai – *Bless you.* Pei o se fa'a'upuga masani e leai sona uiga.

Mulimuli ane ua ou mafaufau pea i nei upu Farani o le *malėdiction* ma le *bėnėdiction,* ma ou manatu ai, afai e mamafa ma mata'utia le fetu'u, e tatau foi ona fa'apenā ona malosi ma mamana le fa'amanuia.

O le fa'aaliga lea, atoa ma isi o le a fa'amatalaina atu mulimuli, na fa'agae'etia ai a'u i lenei fe'au tāua e uiga i le *Mana o le Faamanuia atu.*

O LE MALOSI O LA TATOU GAGANA TAUTALA

Ou te lē toe fia tā'ua le tele o mea ua tusia i le tele o tusi lelei e fa'atatau i le malosi o le upu, ae na ona ou tu'uina atu se aotelega o mea tāua.

Ua tatou iloa:

O le oti ma le ola, o lo'o i le pule a le laulaufaiva ia; o e manana'o i ai latou te 'a'ai i lona fua. (Fa'ata'oto 18:21)

O lo'o i ai i le upu se malosi'aga tele – e lelei e atia'e ai, e leaga fo'i e lepetia ai. O taimi uma tatou te tautala ai i ni upu (ma fa'aaogāina foi le leo e fa'amalosia ai le uiga o upu), ua tatou tautala ai i le ola poo le oti i ē o lo'o fa'alogo mai, atoa ma i tatou foi. Ua tatou iloa foi:

Auā o le tele o mea i le loto e tautala mai ai le gutu. Ua aumai mea lelei e le tagata amio lelei

> *i mea lelei ua teu i lona loto; o le tagata amio leaga foi, ua aumai mea leaga i mea leaga ua teu i lona loto. (Mataio 12:34 & 35)*

O lona uiga o le loto faitio, e faitio ai le tautala mai a le laulaufaiva; o le loto fa'afiatonu e fa'amasinosinovale mai ai le laulaufaiva; o le loto lē fa'amalieina e tautu'ua'i ai le laulaufaiva. E fa'apenā foi le loto tu'inanau e fua mai ai le tu'inanau. Ua tumu le laloleagi i upu e tautala mai i le leaga; o lo'o pua'ina mai e nusipepa ma ālā fa'asalalau 'ese'ese i aso ta'itasi. O lo tatou natura fa'aletagata tatou te lē fia tautala lelei ai mo nisi tagata. E tele ina tatou fa'atali se'i feoti ona fa'ato'ā tatou fai lea o ni tala manaia mo latou. E ui i lea, o le tamāo'āiga lelei e puna a'e mai le loto alofa, e tautala mai ai le laulaufaiva i le matagofie; mai le loto to'afilemū e gagana mai ai le laulaufaiva i le leleiga.

Fai mai – *o ē manana'o i ai latou te 'a'ai i lona fua* – o lona uiga, e te selesele i le mea na e lūlū, poo le lelei poo le leaga. I seisi fa'a'upuga, o le mea e te fai atu ai, o le mea lava lenā e te maua. O le a sou manatu i lenā mea?

E tutusa tagata uma i lenei mea, pe Kerisiano pe leai. E mafai e seisi o la'ua ona fa'apea atu – *Atali'i, manaia lau faleo'o na fau. E ono avea oe ma tufuga faufale, po'o se tusiata o fale i se aso, mālō lava.*

Peita'i o le Kerisiano ua fanaufouina ua fou lona loto. Fai mai le Tusi Paia o *tagata fou* (2 Korinito 5:17). E tatau ai ona tele lo tatou tautala lelei atu, ae itiiti ona tatou tautala leaga atu. E faigofie lava ona tatou se'e atu i le tautala leaga atu, pe a tatou lē fa'aeteete ma fa'autauta i o tatou loto ma a tatou upu. Afai e te mafaufau lelei pea i ai, o le a e ofo i lou fa'alogo atu i tagata kerisiano o toe fetu'u a e i latou latou lava. E toe fa'amatala tele atu mulimuli le matā'upu lea.

MAI LE TAUTALA LELEI ATU I LE FA'AMANUIA ATU: O LO TATOU VALA'AUINA

Ona o tatou o Kerisiano o lo'o fetafea'i ai le soifua o Iesū i totonu, ua mafai nei ona tatou se'e i talaatu o le tautala lelei atu – tatou tautala atu ma tu'uina atu le fa'amanuia i tagata, atoa ma mea uma – ma o lo tatou vala'auina lea. Atonu o le fa'amanuia atu o se vala'auina sili lea. Silasila foi i upu ia:

> *Ia mutimutivale i le alofa, ia agalelei; aua le taui atu le leaga i le leaga, poo le agatele mai i le agatele atu; a ia fa'amanuia atu, ina ua iloa o le mea lenei na vala'auina ai outou, ina ia maua e outou le manuia. (1 Peteru 3: 8-9)*

Ua vala'auina i tatou ina ia fa'amanuia atu ma talia fa'amanuiaga.

O le ulua'i upu na fetalai atu ai le Atua ia Atamu ma Eva, o le fa'amanuia.

> *Ua fa'amanuia fo'i e le Atua ia te i la'ua, ma ua fetalai atu le Atua ia te i la'ua, 'ia fanafanau ia, ma ia uluola, ma ia tumu ai le lalolagi, ia fa'atoilalo i ai. (Kenese 1:28)*

Ua fa'amanuia atu le Atua ia te i la'ua, ina ia lā uluola. O le fa'amanuia o se uiga tumau lea o le Atua – o lana mea lea e faia pea. E fa'apei o le Atua, ma e mai le Atua, ua iā i tatou le pule ma le mana e fa'amanuia atu ai i nisi.

Na fa'amanuia atu fo'i Iesū. O le toe mea na la faia, a o si'itia a'e o ia i le lagi, o le fa'amanuia atu i ona soo:

> *Ua ave e la ia te i latou i tua, ua oo lava i Petania; ona sisi'i ai lea o ona 'a'ao, ma fa'amanuia ia te i latou. Ua oo ina o fa'amanuia e la ia te i latou, ona te'a ese o la ia te i latou, ua si'itia i le lagi. (Luka 24: 50-51)*

O Iesū tatou te fa'ata'ita'i i ai. Ua la fetalai ina ia tatou faia pei ona la faia. Ua mamanuina lava tatou e le Atua ina ia tatou fa'amanuia atu.

O LE A LE FA'AMANUIA FA'A-KERISIANO?

I le Feagaiga Tuai, o le upu Eperu mo le 'fa'amanuia' o le *barak*. O lona uiga, o le tautala atu poo le ta'u atu le finagalo o le Atua.

I le Feagaiga Fou, o le upu Eleni mo le 'fa'amanuia' o le *eulogia,* lea e maua mai ai le upu palagi o le *eulogy* (po'o le molimau lelei mo se ua maliu). I lona fa'atinoga la, o le fa'amanuia o le tautala lelei atu le finagalo alofa o le Atua i isi tagata.

O le uiga tonu lenā o loo fa'aaogaina e lenei tusi e fa'amatala ai le 'fa'amanuia atu'. O le tautala atu poo le ta'u atu o le finagalo alofa o le Atua i se tagata poo se tulaga o se mea o i ai.

O le Atua, i lona lava poto, na manatu ai e tapula'a mea e mafai ona la fa'atino e ala i ona tagata. O le ala lea na te aumai ai lona Mālō i le lalolagi. Ua fa'apenā fo'i ona la finagalo ina ia tatou fa'amanuia atu, e fai mona sui. Ona o a'u la o se kerisiano, e mafai ai ona ou ta'u atu le finagalo alofa o le Atua mo seisi tagata poo se mea i le suafa o Iesū. Pe afai ou te fa'apea ona fai i le fa'atuatua ma le alofa, ona ia te a'u lea o le mana mai le lagi i soo se mea ou te fai atu ai, ma ou fa'atali ai o le a gaoioi le Atua e suia mea mai le tulaga sa i ai, i le tulaga e finagalo i ai o la. Pe a ou fa'amanuia atu i se tasi ma le fa'amaoni, le fa'atuatua, ma le alofa, ua ou amata ona fa'atino le galuega o le finagalo o le Atua mo lenā tagata.

I se tasi itū, e mafai ona ta'u atu e seisi ma le lē fa'amoemoeina le mana'o o Satani i luga o se tagata, poo ia lava foi, ma amata gaoioi ai loa malosi'aga fa'a-temoni i luga o sea tagata – pei o le gaoi, fasioti, ma fa'atāma'i, ae vi'ia le Atua:

> *Auā e sili o la ua ia te outou i lē ua i le lalolagi. (1 Ioane 4:4)*

O le finagalo atoa lea o le Atua ina ia fa'amanuia atu – o lona natura moni lea. O le naunau o le Atua ina ia fa'amanuia atu, o se mea ofoofogia e leai se mea e gata mai ai. E leai se mea na te taofia o la. O lona finagalo maumaututū lea, ina ia fa'manuia atu i tagata. E finagalo ina ia toatele ni uso ma ni tuafāfine o Iesū. O tatou ia. Ui ina o lona finagalo na te fa'amanuia atu, a ua sili foi ona la finagalo mo ona tagata ina ia latou fa'amanuia atu i isi.

Pe a tatou fa'amanuia atu i le suafa o Iesū, ona afio ifo lea o le Agaga Paia, auā o loo tatou faia se mea o atagia ai mea o loo faia fo'i e le Tamā – o loo tatou ta'u atu upu ua finagalo ai le Atua e ta'u atu mo lenā tagata. Ou te ofo pea i le moni o lenei mea. A ou fa'amanuia atu i se tasi, e a'afia le Agaga Paia – e pa'i atu i sea tagata, e matala mai le alofa, ma tutupu suiga. Iatou te omai fusi a'u ma fetāgisi ma fai mai – 'ua leva ona ou mo'omia lenei mea'.

A o le mea tāua e ao ona silafia, tatou te fa'amanuia atu mai le mafuta latalata mai o le Atua, lona auai mai. E tāua tele lo tatou pipi'i atu i le Atua. O a tatou upu, o ana fetalaiga foi ia ua fa'au'uina i le mana e tupu ai le mea ua ia finagalo ai. O lea ia tatou fa'aitiiti ane teisi i tua.

O LA TATOU PULE FA'A-LE-AGAGA

I le Feagaiga Tuai, o ositaulaga latou te fa'atoga mo tagata, ma latou ta'u atu upu fa'amanuia mo i latou.

Ia fa'apenei ona outou fa'amanuia atu i le fanauga a Isaraelu, ia fa'apea atu ia te i latou:

'Ia fa'amanuia oe e le Ali'i, ma ia na tausi ia te oe; ia fa'amalamalamaina e le Ali'i ona fofoga i luga ia te oe, ma alofa ia te oe; ia fa'asaga mai e le Alii ona fofoga i luga ia te oe, ma tu'uina atu ia te oe le manuia'.

Latou te ta'u atu foi lo'u igoa i luga o le fanauga a Isaraelu, o a'u foi ou te fa'amanuia atu ia te i latou. (Numera 6:23-27)

I le feagaiga Fou, o tatou o kerisiano ua ta'ua o:

> *O le tupulaga ua filifilia outou, o tupu ma ositaulaga, o le nu'u pa'ia, ma le nu'u na fa'atauina mai e le Atua ina ia outou ta'uta'u atu ana galuega lelei – o lē na vala'au ia te outou nai le pouliuli e o'o i lona lava malamalama e ofo ai. (1 Peteru 2:9)*

O Iesū foi:

> *Ua na faia foi i tatou ma nu'u fa'atupu, o ositaulaga i lona Atua ma lona Tamā (Faaaliga 1:6)*

I se tasi aso a o o'u nofonofo i le tolotolo e igoa o Quen Toro i Noumea ma mafaufau i se matā'upu mo la matou mafutaga tatalo, na ou lagonaina le fetalai mai o le Atua – *E te lē o iloaina poo ai oe.* I nai masina mulimuli ane na ou toe lagonaina foi lona toe fetalai mai – *Ana ua e iloaina le pule ua ia te oe mai ia Keriso Iesū, semanū ua e suia le lalolagi.* O nei fe'au e lua na ou manatu e mo ni fa'apotopotoga o ni tagata fa'apitoa, peita'ī na mulimuli ane ou iloa, e fa'atatau foi mo a'u.

Pei e tele ina manatu le au kerisiano o le tautala sa'o atu i se ma'i poo se tulaga o i ai se mea (se mauga

Mareko 11:23) ma le fa'atonu atu o se fa'amālōlōga, e sili atu nai lo le fai i le Atua na te faia (Mataio 10:8, Mareko 16:17 – 18). Na ou molimauina lea mea, ma o le molimau fo'i lea a le to'atele o ē o loo manuia a latou galuega fa'amālōlō. Ou te talitonu o le finagalo moni lea o Iesū – *O atu e fa'amālōlō i ē mama'i, o la outou galuega lenā, ō e fai.*

O loo finagalo pea le Atua e fa'amālōlō, ae finagalo ina ia ala atu ia i tatou. O loo finagalo pea e fa'ataunu'u, a ia ala atu ia i tatou. O loo finagalo pea foi e fa'amanuia atu, a ia ala atu pea foi ia i tatou. E mafai ona tatou 'ai'oi i le Atua ina ia fa'amanuia atu, e mafai foi ona tatou fa'amanuia atu i le suafa o Iesū.

Ou te manatua i nai tausaga e le mamao atu, sa masani ona ou usu vave i le galuega ina ia maua se taimi ou te fa'amanuia ai la'u pisinisi. Na amata i lo'u fa'apea ane: *Le Atua e, ia e fa'amanuia le 'Colmar Brunton'.* E le i matuā iloga lelei. Ona toe suia lea mai le – *Le Atua e, ia e fa'amanuia le Colmar Brunton,* i le:

> *Colmar Brunton, ou te fa'amanuia atu ia te oe i le suafa o le Tamā, ma le Alo ma le Agaga Paia. Ou*

te fa'amanuia oe i Aukilani, ou te fa'amanuia oe i Ueligitone, ou te fa'amanuia oe i le itūlagi. Ou te fa'amanuia oe i le galuega, ou te fa'amanuia foi oe i le āiga. Ou te tatalaina atu le Mālō o le Atua i lou nofoaga Afio maia Agaga Paia e, e talia fiafia oe iinei. Ou te tatalaina atu le alofa ma le oli'oli ma le filemū, le onosa'i, ma le agalelei, ma le amiolelei, Le fa'amaoni, ma le loto pulea ma le galulue fa'atasi. I le suafa o Iesū ou te avatu ai manatu mai le Mālō o le Atua ina ia manuia au pa'aga ma avea ai le lalolagi ma nofoaga matagofie; Ou te tu'uina atu le loto malie i ou maketi, ma le loto fiafia i lau aufaigaluega. Ou te fa'amanuia lau manulautī – Pisinisi sili atu, lalolagi sili atu. I le suafa o Iesū, amene.

A o o'u lagonaina pea le ta'ita'iga a le Agaga, na ou fa'ailoga le koruse i le faitoto'a ma tu'uina atu i lā le agaga le puipuiga a le toto o Iesū i luga o la'u pisinisi.

Mai le taimi na ou suia ai mai le – *Le Atua e, ia e f'a'amanuia Colmar Brunton* – i le – *Ou te fa'amanuia atu ia te oe Colmar Brunton i le suafa o le Tamā, le Alo ma le Agaga Paia,* na pa'i mai ai i o'u luga le fa'au'uga a le Atua, na ou lagona lona fiafia ma lona taliaina. Pei o lo'o fetalai mai – *Atali'i, o lenā tonu lava ua e maua mai, o le mea tonu lena ou te mana'o e te faia.* E ui ina ua fa'afia ona ou faia lenei fa'amanuia, a o taimi uma lava, ou te lagonaina ai lava le fiafia i ai o le Atua. O le mea ua tupu, ua vave suiga i lagona i totonu o le ofisa, ma ua talanoa sa'oloto i le matagofie o le suiga ua tula'i mai. O se mea lava e ofo ai, o le 'fa'amanuia' na te suia lo tatou lalolagi.

Ae ou te le i gata ai iinā. I le taeao ou te usupō i le ofisa a o le i o atu nisi. Ona ou fa'amanuia lea i se nofoa e fa'aaoga e se tasi ua ou iloa o lo'o ia mana'omia se tomai fa'apitoa. E fa'ae'e o'u lima i le nofoa ma fa'amanuia i ai, ma le fa'amoemoe e ui atu i le nofoa le fa'amanuia mo lē e nofo ai (Galuega 19:12). A ou iloa lava seisi o mana'omia se fa'amanuiaga fa'apitoa, o leisi lea auala ou te fa'aaogaina.

Ou te manatua se tasi tagata e masani i le palauvale ma ta'u ai le suafa o le Atua. Na fa'ae'e i ai ou lima i lona nofoa ma fa'atonu ia sa'oloto lona gutu mai le palauvale. Sa ou faia pea lea mea seia oo ina alu'ese mālie le agaga leaga sa mafua ai, ua ifo atu i le malosi sili, ma mavae atu ai lona palauvale.

Ou te manatua foi se tamā na sau ia te a'u ou te tatalo ia ave'ese o ia e le Atua mai le mea o faigaluega ai, ona o le to'atele o le aufaigaluega e upuvale i le Atua. E ese la'u va'ai i lona fa'afitauli. Na ou manatu e lē tatau ona alu'ese, ae o le avanoa lea mo ia na te suia ai lona fale faigaluega. E mafai ona tatou suia lo tatou lalolagi.

Ua mautū lo'u talitonuga, e ui ina finagalo le Atua e fa'amanuia atu i tagata, o loo sili atu foi lona finagalo mo i tatou – o ona tagata – o lana fanau – tatou te fa'amanuia atu i tagata. Ua ia te outou le pule, ia outou fa'amanuia atu.

E finagalo lo tatou Tamā i le lagi ina ia tatou auai ma galulue fa'atasi ma la i lana galuega lavea'i. E mafai ona tatou fa'amanuiaina tagata e ala i fa'amālōlōga ma le fa'asa'olotoina, ae mafai foi ona tatou fa'amanuia atu i tagata i a tatou upu. O tatou ua fa'aaogāina e le Atua e fa'amanuia atu ai. Se mea alofa ina a ofoofogia, ma se vala'auina ina a tāua!

Mo a'u, o le fa'amanuia atu, o le ta'u atu lea o le fa'amoemoe lelei o le Atua i luga o se tagata poo se tulaga o i ai, e tu'uina atu ma le alofa, ma le faamaoni, ma le pule, ma le mana mai i o tatou agaga ua fa'atumuina e le Agaga Paia. I se fa'a'upuga faigofie, o le fa'amanuiaga e tu'uina atu, o le fa'ailoa atu lea i le fa'atuatua, o le fa'amoemoe alofa o le Atua mo lenā tagata, poo lenā tulaga o i ai.

Manatua, tatou te manuia, auā ua tatou fa'amanuia atu.

VAEGA 2:

E fa'apefea ona fai?

O NAI TA'IALA TĀUA

Fa'amasani e ola tautala i upu lelei

> *E luai mai i le gutu e tasi le vivi'i ma le fetu'u. O'u uso e, e lē tusa ona faia fa'apea o ia mea. (Iakopo 3:10)*
>
> *Afai fo'i e te fa'ate'a'eseina le lelei mai le leaga, e avea oe e pei o lo'u gutu. (Ieremia 15:19)*

A fia avea oe ma lē na te ta'u atu le fa'amoemoe lelei o le Atua i luga o ona tagata, aua ne'i e toe tautala i upu lē aogā, po'o upu fo'i e sili atu le leaga nai lō upu lē aogā.

Fesili i le Agaga Paia mo upu e tatau ona tautala ai
Ia fa'aosofia lou agaga (e ala i tapua'iga ma le tautala i gagana). Ai'oi i le Agaga Paia ina ia e lagonaina le

alofa o le Atua i lē o le a e fa'amanuia atu i ai. Fai sau tatalo e pei o lenei:

> *Tamā, o le a le mea e te finagalo ou te fai atu ai? Aumai ia te a'u se upu fa'amanuia ou te fa'amanuia atu ai i lenei uso. E fa'apefea ona ou fa'amalosi atu ma fa'amafanafana ia te ia?*

O le fa'amanuia, e lē tutusa ma le tatalo ina ia manuia nisi

To'atele tagata e lē masani e ta'u atu se upu fa'amanuia. Ua masani i latou e tatalo i le Tamā na te fa'amanuia atu. E ui o se mea lelei lea, a o se ōlega fa'apea ua na o se tatalo, ma e lelei ona manino i le ese'esega. O le tu'usa'oina atu o le fa'amanuia, na te le suia le tatalo ina ia manuia nisi, ae o le pa'aga e tatau ona ō fa'atasi.

Ua fa'apea ona fa'amatalaina e Roy Godwin ma Dave Roberts i le la tusi – *The Grace Outpouring:*

> *A tatou fa'amanuia atu i se tasi, tatou te va'ai sa'o i ona mata, ma tautala sa'o atu ia te ia.*

Fa'ata'ita'iga, e mafai ona tatou fai atu faapea – "Ou te fa'amanuia atu ia te oe i le suafa o le Ali'i, ina ia nofo mau i totonu ia te oe le alofa tunoa o Iesū Keriso. Ou te fa'amanuia atu ia te oe i lona suafa, ina ia si'omia ma fa'atumuina oe i le alofa o le Atua, ina ia e lagona i totonu ia te oe, le tele o lona fiafia i lona taliaina o oe."

Matau i le tāua o le soā-nauna o le 'Ou te'. O a'u lea e tu'uina sa'o atu le fa'amanuia i le suafa o Iesū. Ou te le'i tatalo i le Atua na te fa'amanuia atu, a o a'u lea ua tu'uina atu le fa'amanuia i le pule na aumai e Iesū ou te fa'amanuia atu ai, ina ia afio mai o ia ma fa'amanuia.

Aua le fa'amasino atu

Aua e te fa'amasino pe tatau pe leai se fa'amanuia i se tagata. O le fa'amanuia moni i luga o se tagata poo se mea, e fa'amatala ai le silasila atu a le Atua i lea tagata poo lea mea. E le taula'i le silasila a le Atua i le tulaga o i ai i le taimi nei, ae taula'i i le tulaga ua la finagalo e tatau ona i ai.

Fa'ata'ita'iga: Na vala'au le Atua ia Kitiona – *Oe na le toa malosi* (Faamasino 6:12) i le taimi e matuā leai se toa poo se malosi ia te ia. Na fa'aigoa foi e Iesū Peteru *o le Papa* (Mataio 16:18) a o le i iai sona malosi na te tau'aveina ai i ona tau'au i latou na fa'alagolago atu ia te ia. E le gata i lea a ua tatou faitau foi fai mai – *O le Atua … o le fa'aola ia o e ua oti, ma lē na te vala'auina mea ua leai, peisea'ī ua i ai* (Roma 4:17). A tatou malamalama i lenei mea, ona tatou le toe fa'amasino lea poo ua tatau le fa'amanuia i se tagata, pe leai.

O le itiiti o le agava'a o se tagata mo se fa'amanuiaga, o le sili atu lea ona ia mo'omia se fa'amanuiaga. O e latou te fa'amanuia atu i ē itiiti lo latou agavaa i se fa'amanuiaga, latou te mauaina fa'amanuiaga silisili.

O se ata e fai ma fa'ata'ita'iga

A fa'apea o Fereti o se ali'i e i ai lona fa'afitauli i le 'ava malosi. E le o fiafia i ai lona to'alua, ona tatalo lea o le fafine ma *fa'apea* atu – *Le Atua e ia e fa'amanuia Fereti. Ia e suia lona uiga inu 'ava, ma ia mafai ona fa'alogo mai ia te a'u.* Ae sili atu ai pe a fai atu:

Fereti, ou te fa'amanuia atu oe i le suafa o Iesū. Ia fa'ataunu'u e le Atua ana fuafuag mo lou olaga. Ia avea oe e fai ma se tagata, se tane, se tamā e tusa ona finagalo i ai le Atua. Ou te fa'amanuia oe ia e sa'oloto mai le pologa i le 'ava malosi, ou te fa'amanuia atu ia te oe i le filemū o Keriso.

O le fa'amanuia muamua ua lafo i le Atua le faafitauli. E leai se taumafaiga, pei e augatā. O lo'o i ai fo'i le lagona o le tu'ua'i atu ma le fa'amasino atu, ma taula'i lagona i le leaga o Fereti.

O le fa'amanuia lona lua o loo i ai le manatu atoa ma le alofa. E lea se agaga e fa'amasino atu, e taula'i le lagona i se avanoa lelei mo Fereti i le lumana'i ae lē o le tulaga o i ai nei. Talu ai nei na ou faalogo ai ise fa'a'upuga fai mai – *E silafia e Satani o tatou igoa ma o tatou malosi'aga, ae na te vala'au mai tatou iā tatou agasala; a o le Atua na te silafia a tatou agasala, ae vala'au mai i o tatou igoa ma o tatou malosi'aga.* O le fa'amanuia lona lua o loo talafeagai lava ma fuafuaga ma le fa'amoemoe o le Atua. O lo'o atagia ai lona finagalo lavea'i. Ia manatua, e alofa le Atua ia Fereti.

O TULAGA 'ESE'ESE TATOU TE FEAGAI

O a'u o se tagata su'esu'e i le matā'upu o le 'fa'amanuia'. Ina ua ou fa'ato'ā amata, ou te le i iloa fa'amanuia, e le i tele foi se fesoasoani na ou maua. Ae na ou vave iloa e tele itū'āiga tulaga ese'ese o mea e tula'i mai, ma ua ou manatu e ofoina atu nai fautuaga nei, e te fa'atatauina lava i le mea o tula'i mai, ma le mea o finagalo le Agaga Paia e te fai atu ai. E te mo'omia sina taimi e te fa'amasani ai i ai, ae telē lona tāua.

Fa'amanuia atu i e 'ino'ino mai ma fetu'u oe

I tausaga ua mavae na sau ai se tasi o a matou tamaita'i faigaluega fa'ato'ā fa'amavae lava, na sau e inu se ma kofe ma fa'atofā mai. O ona talitonuga e fa'atatau i a'oa'oga fa'a-nei-ona-pō e uiga i se atua fafine i totonu ia te ia. I la ma talatalanoaga na ia fai mai ai: 'E lua isi kamupanī na ou faigaluega ai, ma o le taimi lava na ou fa'amavae ai ma alu ese na gau ai foi ma le kamupanī'. O le taimi lea e le i leva ona avea a'u ma kerisiano, ae na ou lagonaina o se fetu'u le uiga o ana tala. Ou te le i taliaina lana fetu'u, pau o lea, ou te le i se'e atu i leisi la'asaga, o le fa'amanuia atu ia te ia. Sa tatau ona ou fa'anoi ou te fa'amanuia ia te ia ma fai atu i ai fa'apea:

> *Tepora (e le o lona igoa lea), ou te saisai i malosi'aga fa'ataulaitu o lo'o i lou olaga; Ou te fa'amanuia atu ia te oe i le suafa o Iesū; ou te fa'ailoa atu le agalelei o le Atua i ou luga; Ia taunu'u le finagalo alofa ma le fa'amoemoe o le Atua mo oe; Ou te fa'amanuia mea alofa a le Atua o loo ia te oe, ia fai ma fa'amanuiaga i lou lumana'i, ma lou pule o le a ē galue ai, e vi'ia ai le Atua. Ia avea oe ma tamaita'i matagofie e tusa ma lona finagalo. i le suafa o Iesū, Amene.*

Fa'amanuia atu i ē fa'atigā mai ma te'ena oe

Na ou tatalo mo se tama'ita'i na feagai ma fa'afitauli fa'a-le-tamāo'aiga ma fa'a-le-mafaufau ina ua tia'i e lona to'alua. Na ou fai i ai pe mafai ona ia fa'amagalo le tamaloa. E le i faigofie mo ia, ae faafetai o se mea lelei mo ia, ina ua ia fa'amagalo lona to'alua. Ona ou toe fesili lea pe mafai ona ia fa'amanuia ia te ia. Na matuā te'i le tama'ita'i, ae na i'u ina mana'o e fa'ata'ita'i. E ui ina e lē o i ai le tamaloa i lea taimi, ae na ou fesoasoani atu ia te ia i upu fa'apea:

> *Ou te fa'amanuia atu ia te oe lo'u to'alua; ia fa'ataunu'uina e le Atua ana fuafuaga uma mo oe i lou olaga, ma lo tā aiga. Ia avea oe e fai ma tamaloa, se to'alua ma se tamā e pei ona finagalo ai le Atua mo oe. Ia ia te oe le alofa tunoa ma le agalelei o le Atua, i le suafa o Iesu – Amene.*

E le'i faigofie i le amataga, ae na i'u ina lagona e lenei tamaita'i le finaglo alofa o le Tamā ma le fa'au'uga a le Atua i ona luga. Na ma fetagisi a o galue ifo le Agaga ia te ia, atonu na faapenā foi i lona to'alua. Ioe, o ala o le Alii e le o ō tatou ala ia.

O le fa'amanuia i se tulaga faigatā fa'apea e matuā mo'omia ai le lototele uiga'ese fa'a – Keriso.

O le fa'amanuia atu i ē e lē tatau i ai, o le fatu lea o le Atua, o lana vaisū lenā. Manatua le pagotā na fa'asatauro fa'atasi ma Iesū, ma le fafine na maua o mulilua. Ae faapefea la tā'ua?

O le fa'amanuia atu, e le o se mea fa'a-le-lalolagi, ma e leai sona mafua'aga fa'a-le-tagata. E le o se mea e faigofie mo e feagai ma ni fa'afitauli faigatā ona fa'atino. Peita'i o ala ia o le Atua, na te fa'amālōlō i lē o tu'uina atu, fa'atasi ma lē o taliaina mai le fa'amanuia. Na te ave'ese le 'o'ona o le loto tigā, le tauimasui, le 'ino'ino ma le ita, e ono fa'aleagaina ai o tatou tino, ma fa'apu'upu'uina ai o tatou ola.

O se imeli lenei na ou maua lata mai nei mai ia Denis:

> *O le tolu masina talu ai na ma talanoa ai ma lo'u uso i le telefoni. E seāseā ona ma feso'ota'i auā o ia e nofo ma faigaluega i le isi aai.*
>
> *Ua tau fa'ai'u la ma talanoaga ona ou fai atu lea pe mafai ona ou fa'amanuia atu i le lā pisinisi ma lona to'alua. E le'i manaia lana tali mai, ua lē migao ma lafo mai upu na ou matuā lē fiafia ai. Ua ou mafaufau – ailoga e toe lelei lo ma va, ailoga e mafai ona ma toe feso'ota'i. Peita'i i*

nai vaiaso mulimuli ane, a o o'u feagai pea ma a'u fe'au masani o le aso, na ou fa'aaogāina ai a'oa'oga o le 'Mana Ofoofogia o le Faamanuia atu' e ta'u atu ai le fa'amoemoe alofa o le Atua mo le pisinisi a lo'u uso. O nisi taimi pe fa'alua pe fa'atolu i le aso ona ou fa'amanuia i ai. O le tolu nasina mulimuli ane a o lumana'i le kerisimasi, na vili mai ai lo'u uso ma talanoa fiafia mai, pei lava e leai se mea na tupu.

O le 'Mana Ofoofogia o le Faamanuia' i mea e i tala atu o lo tatou malosi e pulea – la vi'ia le Alii.

Fa'amanuia atu i ē latou te faatupu lou ita

O se tasi o mea fa'atupu ita i le toatele, o tagata lē mafaufau feoa'i i ta'avale i luga o auala tele – tagata manatu fa'apito, tagata lē pulea ma pi'opi'o, ma tagata solitulafono. E tupu i taimi uma, ma mamulu atu ai ni upu lē kerisiano i o tatou gutu. Pe a tupu se mea faapea, ia e manatua o lau upu ua lafo, ua e fetu'u ai se tasi e alofa i ai le Atua, auā na faia i ona foliga. E ono puipui e le Atua lenā tagata.

Pe a toe tupu se mea fa'apea, fa'ata'ita'i ona e fa'amanuia atu i leisi aveta'avale, ae 'aua e te lafo i ai ni upu i lou ita:

> *Ou te fa'amanuia atu i le aveta'avale lea na tipi ane i o'u luma (ae le mulimuli mai i le kiū). Ou te fa'ailoa atu ia te ia lou alofa le Alii e. Ou te tatalaina atu Lou agalelei i ona luga, ma Lou fa'amoemoe alofa mo lona ola. Ou te fa'amanuia atu ia te ia ma vala'auina ona malosi'aga ia matala mai. Ia taunu'u saogalemū o ia i lona fale, ma ia avea o ia ma fa'amanuiaga i lona āiga. I le suafa o Iesu, Amene.*

Pe fa'afaigofie foi fa'apea:

> *Tamā, ou te fa'amanuia atu i le aveta'avale o le ta'avale le lā i le suafa o Iesū. Ia tuliloa o ia e lou alofa, ia maua atu, ma ia pu'e mai.*

O se tasi na faitauina la'u tusi na fai mai:

> *O le mea na ou iloa, o le fa'amanuia atu na suia ai a'u. Fa'ata'ita'iga: E lē mafai ona ou fa'amanuia*

> *se tagata na fa'atigā mai ia te a'u, ona ou toe nofo lea ma fai pe mafaufau foi i ni mea leaga mo ia. E le sa'o lenā mea; ae ou te fa'atalitali ia fua lelei mai le fa'amanuia na ou tu'uina atu i ai.*
> *– Jilian*

O se tasi a'u uō na vala'au mai ou te tatalo mo le fe'ese'esea'iga a lona aiga e mafua i se finauga i le tau-faoina o se mea totino. Na fa'a'umi'umi o toso lenei māta'upu ma ua leai se fealofani e maua. Na ou fau-tuaina ina ia le o ni tatalo, a ia matou fa'amanuia i le tulaga ua tula'i mai.

> *Matou te fa'amanuia atu i lenei fe'ese'esea'iga ua tula'i mai i le suafa o Iesu. Ua matou omai e tete'e atu i fevaevaea'iga ma fe'ese'esea'iga ma finauga. Matou te tatala atu le amiotonu ma le fai mea sa'o, atoa ma le leleiga. A o matou fa'amanuia atu i lenei mea ua tula'i mai, matou te tu'u'eseina o matou manatu ma lagona, ae fa'aulufale mai le finagalo o le Atua e vaevaeina ai lo matou tofi, i le suafa o Iesū, Amene.*

E uma ane le lua aso, ua toe lelei le matā'upu a le āiga.

Fa'apea fo'i le manaia o le molimau a se tasi na faitauina la'u tusi:

> *Na matuā faate'ia a'u i le vave o le taimi e tula'i mai ai manuia ia i latou na ou fa'amanuia i ai. Pei ua leva ona fia masua mai le alofa o le Atua i tagata i lo tatou tatalo ma fa'amanuia atu ia i latou. – Pastor Darin Olson*

E moni lava, o le fa'amanuia e suia ai lo tatou lalolagi.

FA'AMANUIA AE LĒ O LOU FETU'U IA TE OE

Ia iloa ma tete'e atu i fetu'u

O nisi nei o mafaufauga ta'atele – Ou te auleaga, Ou te valea, Ou te lē iloa fai se mea, E tuai lo'u mafaufau, E leai seisi e fiafia ia te a'u, E lē taitai fa'aaogāina a'u e le Atua, O a'u o le tagata agasala… O le tele ia o pepelo faapea a Satani ua i'u lava ina tatou talitonu i ai.

E i ai la' uō o lana amio lea, e fai ane lava ia ia te ia – *Matuā e fa'avalevalea tele Rosa (e lē o lona igoa lea). Ua toe sesē foi lau mea ua fai; E i ai ea se taimi ua e fai ai se mea lelei?*

Aua e te tautala faapenā, pei ua e nofo lava ma fetu'u oe. Ae ia e fa'amanuia ifo lava oe ia te oe.

Ou te manatua le isi mafutaga tatalo sa i ai se tamaita'i na i ai le agaga e manatu ifo ai o ia e leai sona aogā. Na sau ina ia tatalo le mafutaga mo ia. A o faia tatalo, ae o loo fai mai pea o ia – *Ou te valea.* Na ou fesili i ai poo ai na fai atu o ia e valea, ae fai mai e masani lava ona fai atu ai ona matua ia te ia. Ese le fa'anoanoa o lea mea, a o le ta'atele foi ia.

Na ou ta'ita'iina lenei tamaita'i fa'apenei:

> *I le suafa o Iesū ou te fa'amagalo ai o'u matua, ma ou fa'amagalo ai ia te a'u. Ou te te'ena nei upu a o'u matua, ou te lē toe talitonu i ai. Ua ia te a'u le mafaufau o Keriso, o a'u ou te atamai.*

Na matou tuli'ese le agaga o le lē aogā sa ia te ia ae fa'amanuia atu ia te ia. Na ta'u atu o ia o le purinisese a le Atua e tāua ia te Ia. Na ta'u atu ia te ia o le a fa'aaogaina o ia e le Atua e tu'uina atu ai ana fa'amanuiaga o le fa'amālōlōga ma le fa'amoemoe i isi tagata. Na ou matuā fa'amanuia ia te ia.

Na fa'asolosolo malie ona lagona e le tamaita'i le mana o le fa'amanuiaga ua ia maua, ua amata ona pupula mai ona uiga matagofie. Lua vaiso mulimuli ane, ua matuā suia o ia. E moni lava e mafai ona tatou suia lo tatou lalolagi.

Soo seisi lava na te mafai ona faia. O loo tumu le tusi Paia i fa'amoemoega lelei o le Atua mo tagata, tau lava o lo tatou ta'uina atu o ia faamoemoega lelei i o latou luga.

Ou te fia fa'asoa atu foi se isi fa'ata'ita'iga. Talu ai nei na ou tatalo ai mo se tamaita'i na maua i le manava tigā. A o o'u tatalo na afio ifo le Agaga Paia i ona luga, ua mimigi fa'agaulua a o ō ese atu temoni sa ia te ia. Na manuia lava o ia mo ni nai aso ona toe foi mai lea o le tigā. Ona ia fesili lea – Le Ali'i e, aisea? Ona fa'amanatu atu lea e le Agaga Paia ia te ia le taimi a o i ai i le tolauapiga o le fono, na fai atu ai se tagata ia te ia – *Kuka ia vela lelei moa nei mama'i nisi (i taimi o le fono)*. A o lana tali na fai atu i ai – *Ou te lē fia ma'i i taimi o le fono, ae a mae'a ona le āfāina lea.* Na ia taumafai ai loa e tete'e ese le mala o ana upu so'ona lafoa'i, ma toe te'a ai le tigā o lona manava.

Fa'amanuia lou gutu

Ou te faamanuia i lo'u gutu e luai mai ai upu tāua ae lē o upu lē aogā, ma ia avea lo'u gutu e fai ma fofoga o le Alii. (Faavae mai le Iermia 15:19)

O le tele o vavega a Iesū sa fa'atino lava i saunoaga a lona fofoga. Fa'ataitaiga: *Alu ia oe, ua ola lou atali'i* (Ioane 4:50). O le mea lenā ou te mana'o i ai. O le mea lea ou te fa'amanuia ai i lo'u gutu ma fa'autauta i upu e luai mai ai.

Sa ma nonofo ma lo'u toalua i se faletalimālō i Noumea. O le potu matou te soso'o na fa'alogoina ai le tagi fa'alausoso'o mai o se pepe. O le po lona lua na alu ai lo'u to'alua ma fesili i le tinā pe o le a le mea o tupu i le pepe. Fai mai le tinā na te lē iloa, ae o lona tolu lea o vai-tui mai le foma'i ae leai lava se suiga. Ona fesili lea i ai o lo'u toalua pe mafai ona ou alu atu e tatalo mo lana pepe. Na fai mai le tinā ua lelei, ae iloa atu lava lona masalosalo lē talitonu. Ona ou tatalo lea ma le fa'atuatua ma fa'amanuia ia te ia i le mea e gata ai le malosi o la'u tautala fa'a-Farani, ma ou fai atu i ai ia moe ma le filemū. Na moe mālie a'e o ia ma le filemū.

Fa'amanuia lou mafaufau

E masani ona ou fa'apea ane:

> *Ou te fa'amanuia i lo'u mafaufau. Ua ia te a'u le mafaufau o Keriso, o le mea lea ou te mafaufauina ai lona mafaufau. Ia avea lo'u mafaufau ma nofoaga paia e afio ai le Agaga Paia. Ia talia e lo'u mafaufau upu, ma le poto, ma le atamai uma o fa'aaliga.*

E i ai taimi e faigatā ai ia te a'u ona e lē o atoatoa ona mamā lo'u mafaufau. Ae aogā fo'i, auā o taimi ia ou te fa'amanuia ai i lo'u mafaufau, jna ia faaaogā mo mea lelei, ae le o mea leaga. O se tasi aso ua ou lē to'amalie ona ua fealua'i solo lo'u mafaufau i va'aiga o lea mea ma lea mea, ua oo lava i mea sa le tatau ona oo i ai. Ae na ou lagona le fa'asinoga a le Atua fai mai – *Va'ai fa'a-le-mafaufau ia Iesū la e fai ana vavega – ona e toe va'ai fa'a-le-mafaufau ifo lea, o oe la e faia vavega.* Na ou iloa i'inā le tāua o le mafaufau i se mea lelei (Filipi 4:8), nai lo le mafaufau i seisi mea, po'o le matuā le mafaufau lava i se mea. O le fa'amanuia i lou mafaufau ma ou manatunatuga e fesoasoani tele i le ola fa'apaiaina.

O se tasi aso a o o'u fa'aletonu i o'u mafaufauga, ona mapuna a'e lea i lo'u loto upu o leisi pese:

Le Alii e ia fai oe ma va'aiga o lo'u loto,
Ia leai se isi ae tau lava o oe mo a'u
O o'u mafaufauga silisili oe i le ao ma le po,
O lou fa'atasi mai, o lo'u malamalama lea,
pe ou te ala, pe moe.

Fa'amanuia lou tino

E te masani i le fuaiupu lea – *O le loto fiafia e fai ma vaila'au aogā lea* (Fa'ata'oto 17:22)? O lo'o fai mai le Tusi Paia, e fa'alogo ma tali mai o tatou tino i upu ma mafaufauga lelei.

Ou te fa'amanuia i lo'u tino. O le asō ou te te'ena atu ai ma'i uma o loo ia te a'u. Ou te fa'amanuia i lo'u soifua mālōlōina.

Na ou matamata i se ata vitio o se ali'i na tigāina lona ma'i fatu ina ua toe poloka alatoto na sui i lona ta'otoga na fai. Na nofo o ia ma fa'amanuia ona alatoto mo le tolu masina. Ina ua toe siaki e le foma'i na matuā ofo ina ua pei faato'ā uma ona fai sona taotoga fou, ua matuā kilia atoa le poloka sa i ai.

Sa ou manatu e fa'ata'ita'i le mea lea i lo'u pa'u. O se fa'afitauli mai lava i lo'u laititi le āfāina gofie o le pa'u o lo'u tino i le lā. Nei ua ou matua, e i ai mea e puta-puta solo mai i o'u tau'au ma lo'u tua, ma e tatau ona ou alu e togafiti i le falema'i mai lea taimi i lea taimi. Na ou manatu ou te fa'amanuia lo'u pa'u, na amata i lo'u faapea atu – *Ou te fa'amanuia i lo'u pa'u i le suafa o Iesū.* Peita'i mulimuli ane na ou faitau i se fa'amatalaga e uiga i le natura o le pa'u na suia atoa ai lo'u mafaufau. Ua ou iloa, o loo ufitia atoa lo'u tino i le totoga pito telē o le tagata, ae matuā ou le malamalama i ai. Tele ina ou faitio i lo'u pa'u, ae leai ma so'u loto faafetai i ai i le tele o lona aogā mo a'u.

O le aogā ofoofogia o le pa'u, na te fa'atonutonu le mafanafana talafeagai mo isi totoga uma, e puipui mai le so'ona ulufale atu o le mālūlū po'o le vevela mai fafo; na te puipui isi totoga uma; na te taofi le ulufale atu o siama fa'alafuā i le tino; ae le gata i lea e toe fofō lava e ia ia pe a manu'a pe āfāina. O ia aogā uma e fa'atino e le pa'u i le matagofie sili.

Fa'afetai i le Atua mo le pa'u o ō tatou tino. Ou te fa'amanuia atu ia te oe lo'u pa'u.

Ua mavae nai masina o o'u faia pea lenei fa'amanuia i lo'u pa'u, ma ua toeitiiti lava te'a atoa le fa'afitauli. A o le ki, ina ua ou malamalama, ma lagona ai le loto fa'afetai i le tāua ma le aogā o le pa'u o lo'u tino. O le loto faaseā ma le faitio na te tete'e ese le Mālō o le Atua, a o le loto fa'afetai na te aumai.

O se ta'utinoga lenei mai la'u uō o David Goodman:

> *O se taimi e le i mamao atu na ou fa'alogo ai o lauga Richard i le matā'upu o le fa'amanuia atu, o se matā'upu e lē matuā amana'iaina, ae telē sona tāua ona o le tulaga ese o lona fa'amatalaina. O le fa'amamafa fai mai o le fa'amanuia e lē o se mea tatou te ole i le Atua na te faia, ae o tatou o kerisiano tatou te tu'uina atu i le lalolagi to'ilalo, i le tulaga o tatou o amepasa mo Keriso, tatou te suia olaga o tagata mo le Mālō o le Atua. Tatou te ō atu e fa'amanuia i latou ma fa'aali atu ia i latou Keriso.*

O se manatu lelei lea pe a fai atu i isi tagata. Ae na faigatā tele mo a'u ina ua ou manatu ou te fa'amanuia lava a'u ia ta a'u. O o'u nafaufauga fa'apea ou te lē agava'a mo fa'amanuiaga a le Atua; pei ua ou manatu fa'apito; ua ou manatu e le tau ta'uina i le Atua le mea e tatau ona fai auā ua la silafia. Ae na toe suia o'u manatu ina ua ou iloa, o tatou kerisiano, o tagata fou; o e ua toe fanaufouina ma fausia e le Atua mo se fa'amoemoe ua ia finagalo i ai. O tino foi ua ia i tatou ia tatou fa'atāuaina ma fa'apelepele i ai auā o le malumalu lea e afio ai le Agaga Paia.

Ona ou faia lea o se fa'ata'ita'iga. O aso ta'itasi pe a ou ala mai, ou te fa'amanuia ai i se itu-tino o lo'u tino, ou te fa'afetai i ai ona o ona aogā fa'apitoa, ma ou vivi'i i ai ona o le lelei o le faatinoga o ona aogā. Ou te fa'afetai i o'u tamatama'ilima i le faatinoga o o latou aogā. Ou te fa'afetai ma vivi'i i o'u vae mo le fe'avea'iina o a'u ma le lē fa'alogologotigā, mo le saoasaoa o loo faatino ai lo la aogā, ae maise o le paleni lelei o lo la galulue fa'atasi. Na ou vivi'i i lo'u tino atoa ona o le galulue faatasi o o'u itu tino uma'.

Ina ua ou fa'alogojna le si'itia o le tulaga i lo'u tino ma lo'u mafaufau, ona ou liliu ane lea e taula'i lo'u mafaufau i se tigā sa i lo'u lima mo masina e tele; e foliga e tigā mai totonu o le ponaivi, ma e fofō lava i aso uma e tau fa'a-feololo ai le tigā. Na matuā taula'i la'u fa'amanuia I lo'u lima lea, ma vivii i lo'u tino ona o lona mafai lava e ia ona toe fa'alelei ia. O le mavae o le tolu masina na ou iloa ai ina ua ou ala mai i leisi taeao, ua matuā leai ma se tigā, ma e lei toe tigā ai lava.

Na ou iloa ai e i ai pea le avanoa mo le meaalofa o le fa'amālōlō e fa'atino ai e ala i le fa'atuatua ia manuia ai isi. E fa'apenā fo'i ona mafai ona tatou fa'atino le meaalofa o le faamālōlōga mo i tatou lava. O se lesona o le loto maulalo ma le fa'amoemoe i le Atua mo o tatou tino fou, tatou te o atu ai pea i luma ma le mautinoa i se ola fou i o tatou tino fou.

E tele nisi molimau i fa'amālōlōga o mafatiaga o le tino, na ala atu i le 'faamanuia'. E mafai ona e faitau i ai i le www.richardbruntonministries.org/testimonies.

Fa'amanuia lou fale, o lou āiga, ma lau fanau

Lou fale – faamanuia masani

O se mea lelei le fa'amanuia o lou fale, ma fai ma toe fa'afou le fa'amanuia a itiiti mai poo le fa'a-tasi i le tausaga. O le fa'amanuia o le mea e te nofo ai e te fa'aaogā ai le pule ua ia te oe mai ia Iesū Keriso e te fa'apaia ai lou fale mo le Alii. O le vala'auina o le Agaga Paia e afio mai e tutuli ese uma mea e lē tau-le-Atua.

O le fale e le na o piliki ma simā, ae i ai ona uiga faapitoa. Pei ona ia te oe le āiā e te nofo ai i le taimi nei, sa fa'apenā foi ona i ai le āiā a ē sa nonofo ai muamua. E mautinoa na i ai ni mea na tutupu i le fale i aso ua mavae, na oo ane ai ni manuia, poo ni mala foi. Poo a lava ni mea na tutupu, a o le taimi nei ua ia te oe le pule e toe fa'atulaga lelei ai lagona fa'a-le-agaga o le fale. Afai sa i ai ni faiga fa'a-temoni i aso ua mavae, o lou tiute le tafi ese ma fa'amamā lou fale i le taimi nei.

E ao foi ina e mata'itū lelei ne'i i ai ni ala fa'a-temoni e te fa'aulufale ma le lē iloa i lou fale. Va'ai pe lē o i ai ni ata lē kerisiano o teu ai lou fale; ni mea e ono fai ma tupua; ni tusi ma ni ata DVD fa'apenā. O a ata o le TV o loo fa'aali, ma ni mea fa'aoso agasala o i le fale?

O se fa'amanuia faigofie lenei e mafai ona e fa'ata'ita'i i lou fale a o e savali atu i ona potu ta'itasi:

Ou te fa'amanuia i lenei fale o lo'o matou nonofo ai. Ou te folafola atu ua ofoina atu ma fa'apa'iaina lenei fale mo le Atua, ma ua tu'uina atu i lalo o le pule a Iesū Keriso, e fai ma fale o fa'amanuiaga.

Ou te motusia mala uma o i ai i le toto o Iesū, ma ou fa'atūina la'u pule i le suafa o Iesū e tuli'ese ai temoni uma ia le toe fo'i mai. Ou te tuli'ese agaga o le femisaa'i, fevaevaea'i ma le fe'ino'inoa'i; ou te tuli ese le agaga o le mativa.

Afio mai Agaga Paia e, e te tafi'ese mea uma e lē tusa ma oe; faatumuina lenei fale i fua o le Agaga, o le alofa, o le olioli, o le filemū, o le onosa'i, o le mataalofa, o le agalelei, o le fa'amaoni, o le agamalū, ma le lē gaoiā. Ou te

> *fa'amanuia lenei fale ia osaosa i le filemū ma le alofa. Ia manuia i latou uma e ulufale mai i lenei fale i le suafa o Iesū, Amene.*

Ua ou savali fa'ata'amilo i le tua'oi o lo'u fanua ma fa'amanuia i ai, ma tu'uina fa'a-le-agaga i ai le puipuiga a le toto o Iesū Keriso mai mea leaga uma ma mala fa'a-le-natura, ina ia malu lo'u fanua ma e uma e nonofo ai.

Lou āiga

> *E i ai āiga tatou te fa'amanuia, e i ai foi āiga tatou te fetu'u.*

O le taimi muamua na ou faitau ai i le fuaitau lea mai le tusi a Kerry Kirkwood o le *The Power of Blessing* (O le Mana o le Faamanuia atu), na matuā ou te'i lava. E moni lenei mea?

Na ou mafaufau loloto i nei upu, ona ou iloa mulimuli ane lea, e moni ma fa'amaoni. Soo se lē fiafia o i ai i o tatou āiga poo a tatou fanau, e mafua ona tatou te le i fa'amanuia i ai. A tatou fa'amanuia i ai tatou te maua le fa'amoemoe lelei atoa o le Atua, e aofia ai ma le ola umi ma le mafuta mafanafana. E avea i tatou ma pa'aga lelei i e tatou fa'amanuia atu i ai.

Fa'autauta i upu fetu'u. O ulugali'i e malamalama lelei leisi i leisi, e iloa uma mea e oso ai le ita. E masani ona e fai atu ni tala faapea; pe e te faalogo foi o fai mai ia te oe? *Se leaga e te lē fa'alogo lelei mai – Matuā leaga tele lou mafaufau – Matua'i e leiloa lava fai se kuka – E matuā leai a sou aoga...* o ituaiga tala ia e fai ma fetu'u, ma i'u ai lava ina moni.

Aua e te fetu'u, a ia e fa'amanuia. Manatua a e fetu'u (tautala atu i upu o le malaia), o le a e lē maua fa'amanuiaga o finagalo ai le Atua mo oe. Ae sili atu le faigatā auā a e fetu'u atu, e sili atu mala e te lua feagai nai lo lē ua e fetu'uina. Faamata e le o se tasi lea o mafua'aga e le taliina ai tatalo?

O le fa'amasani e fa'amanuia atu, e tutusa lelei lava ma lou taumafai e a'o se gagana fou. E faigatā lava i le amataga. Fa'ata'ita'iga:

Nicole, ou te fa'amanuia atu ia te oe i le suafa

o le Tamā, ma le Alo, ma le Agaga Paia. Ou te tatala atu i ou luga le lelei atoa uma o le Atua; ia taunu'u mo oe fa'amoemoega o le Atua i lou olaga. Ou te fa'amanuia lau meaalofa o le fa'afeiloa'i male loto fiafia i tagata; ou te fa'amanuia lau meaalofa o le faigofie ona mafanafana tagata ia te oe; ou te fa'ailoa atu o oe o se talimalō a le Atua, e te talia tagata e pei foi ona la talia. Ou te fa'amanuia atu ia e maua pea le malosi e fa'atino ai ia meaalofa e ui ina ua e matua. Ou te fa'amanuia oe i le ola mālōlōina ma le soifua fa'afualoa. Ou te fa'amanuia atu ia te oe i le suau'u o le olioli.

Lau fanau

E tele auala e fa'amanuia ai i se tamaititi. Sa fa'apea ona ou fa'amanuia le afafine o lo'u atalii, e tusa ma le fā tausaga:

Ashley, ou te fa'amanuia lou olaga. Ia e tupu a'e ma ia avea oe ma tamaita'i lelei mo le Atua. Ou te fa'amanuia atu i lou mafaufau ina ia tumau i le malamalama, ia i ai le atamai e te fa'amasino ai i au filifiliga uma. Ou te fa'amanuia lou tino ia mālōlōina ma malosi; ma ia tumau pea lou mamalu seia o'o ina e faaipoipo. Ou te fa'amanuia ou lima ma ou vae ia aogā e fai ai fe'au a le Atua ua finagalo ai mo oe. Ou te fa'amanuia lou gutu, ia tautala pea i le mea moni ma upu fa'atupu malosi. Ou te fa'amanuia lou loto, ina ia tumau pea ma le fa'amaoni i le Alii. Ou te fa'amanuia i sē e te filifili e fai ma au tane i le lumana'i; ou te fa'amanuia foi i sa oulua fanau e maua, ia tutupu a'e i le tamāo'aiga ma le fealofani. Ashley, ou te fiafia i mea uma ia te oe, o se mitamitaga foi mo a'u, le avea o a'u ma ou Papa.

E moni lava e 'ese'ese tamaiti ma o latou mana'oga faapitoa, ma e fa'atatau tonu foi i ai la tatou fa'amanuia. O ē faigatā mo latou le a'oga, tatou fa'amanuia o latou mafaufau ina ia faigofie ona malamalama ma manatua matā'upu. O ē sauāina e isi tmaiti tatou te tatalo ia latou tutupu i le poto ma le tino, ia faatasi ma i latou le fiafia o le Atua ma isi tamaiti.

Ou te manatua se tasi tinā kerisiano lava, na ma

talanoa i le atalii o lana tama. O ana tala uma o le fa'amatalaga o le ulavale ma le fa'alogogatā o le tamaititi. Na auina foi i se tolauapiga (Camp) e fa'atonu ai amio a tamaiti fa'apea ae na toe tuli ese mai ona ua fai ma fa'alavelave.

Na ou fa'alogologo pea ma le toto'a, ona ou fai atu lea – O e iloa o lenā e te fetu'u lau tama i au tala na? Ua avea au tala ma au upu pei o se falepuipui ua loka ai i totonu si tama. Na amata ai i'inā ona lē toe tautala faaseā le tinā, a ua liliu ane ma fa'amanuia i ai. Na fa'apenā foi ona fai e lona to'alua (le tamā o le tamā o le tamaititi). E le'i umi ni aso ae suia atoa le amio a le tamaititi. E ofoofogia le mana o le fa'amanuia.

O se tasi o mea sili e tu'uina atu e se tamā i lana fanau, o le fa'amanuia fa'a-tamā. Na ou iloa mai lea i le tusi manaia a le alii o Frank Hammond e igoa o le *The Father's Blessing.* A aunoa ma se fa'amanuiaga mai le tamā, e i ai pea le lagona pei e i ai se mea o misi – ua i ai se avanoa e lē mafai lava e se tasi ona toe fa'atumu. Tamā, ia faae'e outou lima i luga o a outou fanau, ma isi foi tagata o tou aiga. Fa'ata'ita'iga, tu'u ou lima i luga o lona ulu poo luga foi o ona tau'au ma e faamanuia atu i ai. O le a e molimau i mea lelei e faia e le Atua mo oe, ma i latou foi.

O mea uma lava ou te fa'asoa i ai lenei fe'au, ou te fesiligia ai tagata matutua uma o i ai – *E to'afia nisi o outou na faae'e atu i ai lima o outou tamā ma fa'amanuia atu?* E toaitiiti lava lima e si'i mai. Ona ou toe liliu lea o le fesili – *E toafia nisi o iai iinei e le'i fa'ae'eina atu lava i ai lima o o latou tamā ma fa'amanuia atu i ai?* Toetoe o tagata uma e si'i mai o latou lima.

Ona ou toe fesili lea pe mafai ona latou talia e avea a'u mo latou tamā (i le agaga) – e fai ma sui, ina ia ou tu'uina atu mo i latou, e ala i le mana o le Agaga Paia, le fa'amanuia latou te le i mauaina. O le tali mai e ofoofogia – o loimata, o le olioli, o lagona o le sa'oloto ma le fa'amālōlōina.

Afai o e momo'o i se fa'amanuiaga fa'a-tamā e pei foi ona sa i ai a'u, ona e fa'ata'ita'i leotele mai lea o upu nei ia te oe lava, o se faamanuiaga lea na ou maua mai ia Frank Hammond i lana tusi.

O le fa'amanuiaga fa'a-tamā

Lo'u atali'i/afafine e, ou te alofa tele ia te oe. E tulaga ese lava oe. O oe o se meaalofa mai le Atua mo a'u..Ou te faafetai pea ia te la ona o le avea o a'u mou tamā. Ou te alofa ia te oe ma mimita ia te oe.

Ou te ai'oi atu ia e fa'amagalo a'u i ni upu na ou lafo atu ma ni mea na ou fai na e tigā ai; atoa ma mea ou te le i faia, ma upu foi ou te le i fai atu ai ae na e fia faalogo mai i ai.

Ou te momotu nei ma vavae ese mala uma na mulimuli atu ia te oe ona o a'u agasala, o agasala a lou tinā, ma agasala a ou tua'ā uma. Ou te vivii i le Atua ina ua avea Iesū ma tau-emuga i luga o le satauro, ina ia tatou o ese atu mai le malaia, i lona manuia.

Ou te fa'amanuia oe i le faamālōlōga o manu'a uma i lou loto – manu'a o le te'ena, le lē amana'iaina, ma le sauāina. I le suafa o Iesū ou te motusia ai nei le malosi o le fa'asauā ma upu lē amiotonu na lafo atu ia te oe.

Ou te fa'amanuia atu ia te oe i le filemū e le uma, le filemū e na o le Pernise o le filemū e mafai ona ia avatu.

Ou te fa'amanuiai lou ola i le fua tele mai, i fua lelei, fua feti'iti'i, ma fua tumau.

Ou te fa'amanuia oe i le tulaga si'itia; o oe o le ulu ae lē o le i'u; o le pito i luga ae lē o lalo.

Ou te fa'amnauia meaalofa a le Atua ua foai'ina atu mo oe; ou te fa'amanuia oe i le poto ma le atamai e fai ai filifiliga tatau, ma atia'e ai ou malosi'aga atoatoa ia Keriso.

Ou te fa'amanuia oe i le tamāo'āiga faula'i, e avea ai oe ma faamanuiaga i nisi.

Ou te faamanuia atu oe i le malosi fa'a-le-agaga e āiāina ai isi; o oe o le malamalama, ma le masima o le lalolagi.

Ou te fa'amanuia oe i le loloto o le malamalama fa'a-le agaga, ma savavali vāvālalata ma le Ali'i. E lē lāvea pe tautevateva lau savali, auā e avea le Afioga a le Ali'i e fai ma sulu i ou vae ma malamalama i ou ala.

Ou te fa'amanuia lau va'ai ina ia tutusa tagata uma pe ali'i pe tamaita'i, ia pei o le silasila atu i ai a Iesū.

Ou te fa'amanuia oe ia e iloa manino le matagofie f'aa-auro i tagata, ae lē o le otaota.

Ou te fa'amanuia oe ia e tatala atu le Atua i lou falefaigaluega, e lē tau ina molimau ma avea ma fa'ata'ita'iga o le amio lelei, ae ina ia vi'ia le Atua i le matagofie o le fa'atinoina o au galuega.

Ou te fa'amanuia oe i ni uō lelei; ia ave oe ma sē e fiafia i ai le Atua atoa ma tagata.

Ou te fa'amanuia oe i le alofa taumasuasua e te fa'asoa atu ai le mafanafana o le Atua i nisi. Ua faamanuiaina oe lo'u atali'i/afafine e! Ua fa'amanuiaina oe i manuia uma faa-le-agaga o Keriso Iesū. Amene!

Ta'utinoga molimau i le tāua ma le aogā o fa'amanuia fa'a-tamā

Na suia a'u e le fa'amanuia fa'a-tamā. Talu ona ou fanau mai ou te le'i fa'alogo lava ua lauga seisi i le matā'upu lenei. E le'i talanoa mai foi le tamā na ou fanau mai ai i lenei mea e o'o mai i le taimi nei. A ua fa'aaogāina oe Richard e le Atua e aumai a'u i le tulaga ua ou mo'omia ai se tamā fa'a-le-agaga na te fa'amanuia mai lo'u olaga. Ina ua e tu'uina mai mo a'u se fa'amanuia fa'a-tamā i se atali'i, na ou lagona le mafanafana. Nei, ua ou lagona le fiafia o le fa'amanuiaina. – Pastor Wycliffe Alumasa, Kenya

O se tauiviga umi ma le faigatā na ou asaina, le feagai ai ma o'u mafatiaga fa'a-le-mafaufau; o se taua na tauina i tafā e tele – agaga, mafaufau ma le tino. O le faamālōlōina o lo'u tuana'i, na fai ma ki, ma o le la'asaga pito sili ona tāua, ina ua ou fa'amagalo lo'u tamā – e le gata i mea tigā na ia faia ia te a'u i aso ua mavae, a o mea foi na te le'i faia mo a'u. E le'i fai mai lava lo'u tamā e alofa ia te a'u. O se tamā e leai ni ona lagona – e lē iloa fai mai ni upu alofa, ni upu mafanafana ma ni upu filemū, e ui ina ou matuā naunau e fa'alogo atu i ai.

Ina ua ou fa'amagalo lo'u tamā, na ou lagona le fa'amalōlōina o lo'u loto, ua mou ese atu o'u mafatiaga fa'a-le-mafaufau. O lo'o ou tau'aveina pea ni mafatiaga fa'a-le-tino, o se fa'aletonu i lo'u taufale (ga'au). Na aumai fuala'au mai le foma'i ma fa'atonu mai a'u mea'ai ae leai lava se suiga, auā na o se fesoasoani e feololo ai le tigā ae lē te'a ai.

Ae o la'u uō o Richard na fa'amatala mai ia te a'u le 'fa'amanuia faa-tamā' ma lona aogā i nisi tagata. Na lagona i lo'u loto, o le mea lea e tupu, e ui ina ua ou fa'amagalo lo'u tamā i mea na te le'i faia mo a'u, ae e le'i toe faatumuina le avanoa lea auā e lē o faamalieina lava le naunauta'iga o lo'u loto.

Na i'u lava ina tupu – o le tasi taeao a o fai le ma ipu ti ma Richard i se fale'aiga, na tula'i mai ai o ia e fai ma sui o lo'u tamā, e fai le mea e le i faia lava e lo'u tamā mo a'u – ua ia fa'amanuia faa-tamā ia te a'u o lona atalii. Na ou lagona le pa'i mai o le Agaga Paia ma tumau ia te a'u i le aso atoa. O se lagona matagofie le pa'i mai o le filemū ina ua fa'amalieina le galala sa i lo'u agaga.

O leisi mea manaia na tupu ai, ua faafuase'i ona te'a ese atu ai ma le fa'afitauli o lo'u manava. Ua tia'i fuala'au ma fua o mea'ai mai le foma'i. A fa'amalieina le agaga, e mālōlō fo'i le tino. – Ryan

Na ou tautala ma faitau leotele ifo le 'Faamanuia Fa'a-Tamā' ia te a'u lava, ma ua tumau ua lē toe alu'ese atu. Ua na o lo'u tagi ma tagi i lo'u lagonaina o le pa'i mai o le faamālōlōga a le Alii ia te a'u. O lo'u lava tamā, na i'u lava ina maliu, ae na o upu fetu'u ma upu lē manuia e fai mai ai ia te a'u. Nei, ua ou lagona lo'u faasa'olotoina. – Mandy

E tele a'afiaga lelei ma le tāua o le 'Fa'amanuia Fa'a-Tamā' i mea uma ou te faia ai. E mafai ona e faitauina nisi molimau i le www.richardbruntonministries.org/ ma matamata foi i se ata vitio o le 'Fa'amanuia Fa'a-Tamā' i le www.richardbruntonministries.org/resources.

Fa'amanuia atu e ala i le fa'a-perofeta

E ui ina ua ou tu'uina atu ni fa'ata'ita'iga e fai ma ta'iala amata, e lelei pea ona ōle i le Agaga Paia i lana fesoasoani e avea ai oe pei o le fofoga o le Atua e ta'u atu ma tatala atu lona finagalo i se tulaga faapitoa (upu e talafeagai ma lona taimi). Afai e tusa ai, ia fa'aosofia lou agaga e ala i le tatalo i gagana ma tapua'iga.

E mafai ona e fa'ata'ita'i ata ua fa'ailoa atu i luga, a ia fa'amoemoe pea i le ta'ita'iga a le Agaga Paia. Fa'alogo i le tātā o lona fatu. Atonu e feto'i lou amataga, ae i'u lava ina e maua atu le fatu o le Alii.

Fa'amanuia lou falefaigaluega

Toe taga'i i le Vaega 1 ma taumafai e fa'atino ata fa'ata'ita'i na ou avatu mai lo'u olaga i le tulaga o e i ai.

Utagia mea e fa'asino atu e le Atua – e ono fetu'una'i e le Atua lou fa'amoemoe. O le fa'amanuia e lē o se malosi fa'ataulaitu. Fa'ata'ita'iga, e lē fa'amalosia e le Atua tagata e fa'atau ni mea latou te lē manana'o ai. E lē fa'amanuiaina fo'i e le Atua le paiē ma le lē fa'amaoni. Ae afai ua ia te oe agava'a talafeagai o le Atua, ua tatau loa ona e fa'amanuia lau pisinisi ina ia fesoasoani le Atua e si'itia mai le mea o i ai, i le mea na te finagalo i ai. Fa'alogo lelei i ana fautuaga, poo fautuaga a i latou na te auina atu ia te oe. Tatala lou loto, ae fa'atalitali i le o'o mai o lona agalelei, auā e alofa o ia ia te oe, ma e finagalo foi ia e solosolo manuia.

O le molimau lenei mai ia Ben Fox.

> *Na feagai la'u galuega ma nai suiga i nai tausaga ua tuana'i atu, ma vaaia ai le aga'i ifo i lalo o le tulaga o la'u pisinisi. E to'atele foi na ou sa'ili i ai e tatalo mai mo la'u galuega ona ua o'o i se tulaga ua ou popole ma lē mautonu ai.*
>
> *A o le amataga o le 2015 na ou fa'alogo ai ia Richard Brunton o laugaina le matā'upu i le 'fa'amanuia' o se galuega, se pisinisi, se āiga,*

atoa ma isi mea. O le taimi lea o a'u tatalo lava o le ōle i le Atua e fesoasoani mai i ia mea. Ou te le i fa'alogo muamua i le a'oa'oga lea tatou te tautala atu le fa'amanuia; a o lea ua ou iloa nei o lo'o tusia lava i leTusi Paia; ua ou iloa foi ua vala'auina i tatou e le Atua ma tu'uina mai le pule tatou te faia ai i le suafa o Iesū. Ona amata ai loa lea ona ou fa'amanuia la'u galuega – ou te tautala atu i ai ma fa'afetai ai i le Atua. Ua ou fa'amaoni e fa'amanuia la'u galuega i taeao uma, ma fa'afetai ia te ia i auaunaga ou te tu'uina atu. Ou te ai'oi foi ia te la ina ia to'atele pea e omai ou te auauna atu i ai.

O le sefululua masina na soso'o ai na matuā lofia a'u i le tele o galuega. Ua a'oa'oina lo'u loto i le tāua o le aofia fa'atasi ma le Atua i a tatou mea fai i aso ta'itasi, ma o le fa'amanuia i a tatou galuega o se mea e finagalo le Atua tatou te faia. Ua amata ai foi ona ou vala'auina le Agaga Paia i lo'u aso faigaluega ma ai'oi i ai e foa'i mai le poto ma mafaufauga fa'atupu manatu. Na ou mātauina o mea uma ou te talosagaina ai le fesoasoani a le Agaga Paia, e mautinoa le mae'a o a'u galuega e le i taitai uma le taimi fa'atapula'aina.

Ua ou manatu o le a'oa'oga o le fa'amanuia atu, ma le auala e fai ai ua fa'agalo e le tele o Ekalesia, auā o le to'atele o kerisiano ou te talanoa i ai latou te lē iloa. O le taimi nei ua fai ma a'u masani le fa'amanuia o la'u galuega atoa ai ma isi tagata. O le taimi nei ou te fa'atalitali ma le loto fa'atuatua I le fua mai o a'u fa'amanuiaga i soifua o i latou, atoa ma mea uma na ou fa'amanuia i ai, pe a ō gatusa ma afioga a le Ali'i i le suafa o Iesū.

Fa'amanuia i le nu'u

Ou te mafaufau fa'apitoa i le Ekalesia – po'o se isi fa'alapotopotoga fa'apenā o lo'o fa'agaoioi i totonu o se nu'u:

Tagata o .... (igoa o le nuu), matou te fa'amanuia atu ia te outou i le suafa o Iesū, ia outou iloa le Atua ma manino i lona finagalo mo o outou olaga; ia outou manino i ana fa'amanuiaga mo outou uma ta'ito'atasi ma o outou āiga, i soo se tulaga o i ai lo outou soifua.

Matou te fa'amanuia atu i matāfale uma o .... (nuu). Matou te fa'amanuia i āiga ta'itasi, ia fealofani mafutaga i le va o tagata uma, ma tupulaga ese'ese i totonu o āiga.

Matou te fa'amanuia atu i le soifua mālōlōina ma le tamāo'āiga. Matou te fa'amanuia galuega a outou lima, ma fa'amanuia atiina'e uma o loo outou feagai – ia tupu ma ola manuia.

Matou te fa'amanuia atu tamaiti i ā outou a'oga; matou te fa'amanuia atu ia popoto i latou ma malamalama lelei i matā'upu o a'oa'oina; ia tutupu i latou i le tino ma le poto, ma ia alofagia i latou e le Atua atoa ma tagata. Matou te fa'amanuia atu i faia'oga; matou te tatalo mo le saogalemū ma le ato'atoa o le a'oga e a'oa'o atu ai le talitonuga i le Atua e ala ia Iesū.

Matou te tautala atu i loto o tagata uma o loo i totonu o le nu'u. Matou te fa'amanuia atu ia avanoa outou i le musumusuga a le Agaga Paia, ma ia tupu pea lava pea lo outou naunau e tali atu i le si'ufofoga o le Atua. Matou te fa'amanuia atu i le taumasuasua o le Mālō o le lagi o lo'o matou lagonaina i .... (igoa o le Ekalesia).

O le ituaiga fa'amanuia lea, ae ia fetu'una'i fa'atatau i ituaiga nu'u. Afai o se nu'u o tagata faifa'ato'aga, ia fa'amanuia le lau'ele'ele ma a latou fa'ato'aga, ma a latou lafumanu. Afai o se nu'u e tele ai le au-lē-faigaluega, fa'amanuia pisinisi o i ai ina ia tele ai ni avanoa faigaluega mo tagata. Ia fua le fa'amanuia i manaoga o le nu'u. E lē afaina pe onomea i ai fa'amanuiaga, e lagona lava i loto o tagata le aga'i atu o manuia.

Fa'amanuia le lau'ele'ele

I le tusi o Kenese, ua tatou vaaia le faamanuia atu o le Atua i le tagata, ma tu'uina atu i ai le pule i le lau'ele'ele ma meaola uma; fetalai fo'i le Atua ina ia uluola ma fanafanau. O se vaega lea o mamalu fa'avae o le tagata.

A o o'u i Kenya talu ai nei na ma feiloa'i ai ma se misionare kerisiano na te fa'amaopoopo tamaiti tafafao i le auala (street kjds) ma a'oa'o i tomai fa'a-fa'ato'aga. Na ia fa'amatala mai se nu'u o tagata Isalama na talitonu e malaia lo latou lau'ele'ele ona e lē ola ai se mea. Na o i ai la'u uō misionare ma ana tamaiti ua tatalo ma fa'amanuia le ele'ele, ma ua ola lauusiusi mea totō i le fanua. O se ata manino o le mana o le Atua mai le fa'amanuia.

A o o'u i ai i Kenya sa ou savalivali solo i le lotoā o le nofoaga mo tamaiti leai ni matua o lo'o lagolago e la matou Ekalesia, ma ou fa'amanuia latou togala'au'aina, ma latou moa ma latou povi. (Ou te masani foi ona fa'amanuia a'u la'au'aina ma fua tele mai.)

Na fa'amatala Geoff Wiklund i se aulotu i Filipaina na nonofo ma fa'amanuia lo latou fanua i le taimi o mūgālā. Na o lo latou fanua lava na pa'ū ai timuga. Na o mai faifa'ato'aga araisa mai o latou tua'oi asu vai atu i le autu e si'o ai lo latou fanua. O se isi foi lea vavega ua tatala mai ai e le Atua lona agalelei e ala i le fa'amanuia.

Fa'amanuia le Ali'i

E ui ina ua ou fa'amulimuli le vaega lea, ae o le vaega lea e tatau ona muamua. Ae na ala ona fa'amulimuli ona pei e lē matuā fetaui ma le fa'ata'otoga o le 'fa'amanuia' ua fa'aaogāina – o le ta'u atu ma faailoa atu le fa'amoemoe ma le agalelei o le Atua i luga o se tagata poo se mea. A o le manatu o i tua o le faamanuia le Ali'i, o le faafiafia.

E fa'apefea ona fa'amanuia le Atua? O leisi auala lea e ta'u mai e le Salamo 103:

> *Lo'u agaga e, ia e fa'amanū atu i le Alii ... Aua fo'i nei galo se mea e tasi o ana meaalofa.*

O a meaalofa a le Alii i o tatou agaga? – na te fa'amagalo, na te fa'amālōlō, na te fa'aola, na te fa'apale, na te fa'amalie, na te fa'afou.

Ua ou fa'amasani ia ou manatua ma fa'afetaia le Atua i aso uma ona o mea lelei ua la faia mo a'u, atoa ma mea lelei ua la faia e ala ia te a'u. Ou te manatua ma talisapaia o la atoa mo a'u. E fa'amanuiaina ai o la, atoa foi ma a'u. O a ou lagona pe a fa'afetai atu ma le loto fiafia se tamaititi ia te oe i se mea lelei ua e faia mo ia? E te fa'alogoina le mafanafana o lou fatu; e tupu lou fiafia ma e lagona le toe fia faia o nisi mea lelei mo ia.

Molimau faai'u mai sė na faitau

E le faigofie ona fa'amatalaina le suiga tele o lo'u olaga e le fa'amanuia. I si taimi pu'upu'u lava, ae lei i ai lava seisi ua na te'ena lo'u ofo atu ou te fa'amanuia atu i ai. Na ou maua fo'i le avanoa ou te fa'amanuia ai se tamaloa Mosalemi. O lo'u ofo atu ou te tatalo ma fa'amanuia atu i isi, ua matala ai se faitoto'a mo a'u – o se auala faigofie ma le filemū e aumai ai le Mālō o le Atua i se mea poo se olaga o se tagata. Mo a'u, o le mafai ona ou fa'amanuia atu ua fa'aopoopo ai se isi mea-faigaluega i la'u pusa faigaluega fa'a-le-agaga.. pei o se mea na misi i lo'u olaga a o lea ua toe maua. – Sandi

Upu faai'u mai le Tusitala

Ua ou matuā talitonu e mai le Atua lenei mea:

> *Uso kerisiano e, pe ana ua e iloa le pule ua iā te oe mai ia Keriso Iesū, po ua e suia le lalolagi.*

FA'ATATAU

- Manatu i se tagata na faatigā ia te oe – afai e mafai, tago e fa'amagalo. Ona e se'e lea i luma i leisi la'asaga, fa'amanuia i ai.

- Mafaufau i mea e masani ona e fai ma tautala e fetu'u ai seisi, po'o oe foi. O le a lau mea e fai i ai?

- Tusi i lalo se fa'amanuia e te faia mo oe lava, mo lou to'alua, mo lau fanau.

- Alu e feiloa'i ma se isi, ona e perofeta lea i ai. Fesili i le Atua e fa'aali atu ia te oe se mea fa'apitoa ma fa'amalosi'au mo lenā tagata. Amata malie i ni upu fa'alaua'itele – fa'ata'ita'iga: *Ou te fa'amanuia atu ia te oe i le suafa o Iesū. Ia taunu'u mo oe fuafuaga uma o le fa'amoemoe alofa o le Atua i lou olaga.* Ona e onosa'i lea ma fa'atalitali la'ititi – manatua o loo ia te oe le mafaufau o Keriso.

Ona lua fesuia'i lea ma fai i le tagata lenā e tago e fa'amanuia fa'a-perofeta oe.

- Fa'a'upu se fa'amanuia fai faatasi e fa'aaogā e la outou aulotu e momoli atu ai ma le fa'amālōlōga ma fa'amanuia atu ai i tagata uma i nu'u tua'oi atu ma outou. Fa'a'upu ma se fa'amanuia mo misiona o loo fa'atino e le ekalesia i le taimi nei.

O LE AVEA MA KERISIANO

O lenei tusi itiiti ua tusia mo tagata kerisiano. O le uiga o le upu kerisiano, e lē fa'atatau i tagata e lelei o latou olaga, a o ē ua fanaufouina e le Agaga o le Atua; e alolofa ma mulimuli ia Iesū.

E tolu vaega o le fausaga o le tagata, o le agaga, o le mafaufau, ma le tino. O le agaga o le vaega lea e iloa ma feso'otai ai ma le Atua paia. Na faia le tagata ia mafuta vāvālalata ma le Atua, o le Agaga i le agaga. Peita'i o le agasala ua vā ai le fogava'a ma le Atua; ua oti ai le agaga ma motusia ai le feso'ota'iga ma Ia.

O lea la ua tele ina ola le tagata i le fa'aaogāina na o le mafaufau ma le tino. O le mafaufau o loo i ai le poto, le loto (will), ma lagona (emotions). O le mea lea ua va'aia tele ai i le lalolagi le manatu fa'apito, le fa'amaualuga, le fa'aloloto, le fia 'a'ai, o taua, o le leai o se filemū ma se uiga o mea o le olaga.

A ua ta'oto le fuafuaga a le Atua e toe lavea'i ai le tagata. Na auina mai e le Atua le Tamā lona Alo o Iesū (o Ia foi o le Atua) i le lalolagi faapei o se tagata, e faailoa mai pe faa'pe'ī le Atua – *O lē ua va'ai mai ia te a'u ua va'ai o ia i le Tamā* – ma na tau'ave le sala o a tatou agasala. O lona maliu matagā i luga o le satauro o se mea na fuafua mai lava i le amataga, sa manino foi ona folafola mai e le Feagaiga Tuai. Ua na totogi le agasala a tagata, ma ua fa'amalieina ai le amiotonu a le Atua.

Peita'i na toe fa'atūina mai e le Atua Iesū mai le oti. Na folafola foi e Iesū, o i latou uma e fa'atuatua ia te ia, e toe fa'atutūina foi i latou e soifua faatasi ma Ia e fa'avavau. Ua na tu'uina mai nei ia i tatou lona Agaga, e fai ma fa'amaoniga, ina ia tatou iloa o Ia ma savavali faatasi ma Ia i aso uma o totoe o lo tatou ola i le lalolagi.

O lenā la ua manino le atoaga o le Talalelei ia Iesū Keriso. Afai e te fa'ailoa ma ta'uta'u au agasala, afai e te talitonu na tau'ave e Iesū lou fa'asalaga i le satauro, ae na toe tu mai o Ia mai le oti, ona iā te oe lea o Iana amiotonu. O le a auina atu e le Atua lona Agaga e toe faaola lou agaga – o le uiga lena o le toe fanaufouina – e toe amata ai ona e iloa ma feso'ota'i vāvālalata ma le Atua. O le fa'amoemoe lenā na la faia ai oe i le amataga. Pe a e oti la i le tino, e toe fa'atūina mai oe e Keriso ma avatu ia te oe le tino mamalu e lē pala.

A o e soifua i lenei lalolagi, e galue le Agaga Paia (o la foi o le Atua) e fa'amamā oe ia pei o Iesū i le amio, ma avea ai oe ma fa'amanuiaga mo isi tagata.

O i latou e filifili latou te lē talia le tau na totogi e Iesū mo i latou, o le a ō atu i latou i le fa'amasinoga, ma tali i ona faigatā. Tatou te lē manana'o i lea mea.

O le tatalo lenei e te tatalo ai. A e tatalo ai ma le fa'amaoni, o le a toe fanaufouina oe.

Le Atua e o i le lagi, ua ou sau ia te Oe i le suafa o Iesū, ou te ta'u atu o a'u o le tagata agasala, (ta'u uma au agasala). Ua ou matuā salamō i a'u agasala ma le olaga na ou ola ai e aunoa ma Oe, ou te mo'omia Lau fa'amagaloga.

Ua ou fa'atuatua i Lou Alo e to'atasi o Iesū Keriso, ma Lona toto tāua na maligi i luga o le satauro ma maliu ai mo a'u agasala; ia ua ou filifili ou te fulitua i ai.

Ua e fetalai mai i le Tusi Paia (Roma 10:9) – Afai e te ta'utino i lou gutu i le Alii o Iesu, ma talitonu i lou loto ua toe fa'atūina mai o Ia e le Atua nai e ua oti, e fa'aolaina ai oe.

O le taimi nei ou te ta'uta'u ai Iesū o Ia o le Alii o lo'u ola. Ou te talitonu na toe fa'atūina mai o Ia e le Atua mai le oti. O lenei ua ou talia Iesu Keriso e fai mo'u Fa'aola, ma e tusa ai ma ana afioga, ua faaolaina nei a'u. Le Ali'i e, fa'afetai tele i Lou alofa ia te a'u na e finagalo malie ai e te maliu e fai mo'u sui. Ma'eu le ofoofogia o Lou alofa! – ou te alofa foi ia te Oe.

O lenei ou te ōle atu ia e fesoasoani mai e ala i lou Agaga Paia, ia avea a'u e fai ma tagata e tusa ona e finagalo i ai i le amataga. Ta'ita'i atu a'u i le au fa'atuatua i se Ekalesia ua e finagalo ou te ola a'e ma auauna ai ia te Oe – I le suafa o Iesū, Amene.

Faafetai mo le faitauina o lenei tama'i tusi.
Ou te fiafia e maua ni molimau i le auala ua suia ai lou olaga i le faamanuiaina, po o olaga oi latou ua e faamanuiaina.
Faamolemole faafesoota'i mai a'u i le:
richard.brunton134@gmail.com

Asiasi mai i le www.richardbruntonministries.org

E UIGA I LE TUSITALA

: O Richard Brunton o se tasi na fa'avaeina le kamupanī o le Colmar Brunton i le 1981, ma atia'e ai e avea ma kamupanī sili i sailiiliga o mea tau maketi i totonu o Niu Sila. Na mālōlō ritaea mai i le 2014, ma amata ofoina atu ai ona taimi uma i le galuega mo le Alii e ala i tusitusiga ma tautalaga i Niu Sila ma fafo atu. O ia foi na tusia le *Fa'au'uina mo Galuega* (Anointed for Work) – o se valaau ia ulufale atu i se lalolagi matagofie ma le faamalieina i le pa'i mai o le malosi faa-le-lagi na te āiāina mea tatou te faigaluega ai.

www.ingramcontent.com/pod-product-compliance
Lightning Source LLC
LaVergne TN
LVHW011713230826
846091LV00015BA/4147

* 9 7 8 0 4 7 3 5 1 2 9 8 9 *